Economía soviética
1917-1992

Autor: David Fdez. Pastor

Capítulo 1

Colapso económico de la URSS

Tuvo lugar a finales de 1980. La economía de la URSS sufrío importantes cambios en esa década. En 1991 los presidentes de Rusia, Bielorrusia y Ucrania dieron lugar al pacto de Belovesh por el que se desintegraba la URSS, y se daba lugar a la Federación de Estados Independientes que en la actualidad es la Federación Rusa o Rusia.

Finalmente la economía rusa se recupera en 1997 cuando empieza a ser algo superior al pib de 1989.

Tanto autores marxistas como liberales han sostenido que en realidad el funcionamiento de la URSS no correspondía al de un estado socialista sino a un sistema oligárquico de capitalismo de estado.

A partir de 1953 con Jruschov se inició una vuelta hacia ciertos modos de capitalismo. De este modo la crisis vivida en la URSS debiera ser vista como una crisis más del sistema capitalista.

Las reformas elevaron el poder de los directores de las empresas soviéticas, los que más tarde serían curiosamente los nuevos ricos y millonarios de la nueva Rusia.

El desmoronamiento del sistema soviético se debe al creciente comportamiento anárquico de la economía que junto con la corrupción y la excesiva burocratización y desabastecimiento fomentaron la procesiva desmoralización general que devino en el golpe de estado de Yeltsin de 1992.

Cada vez más intelectuales, expertos en sus disciplinas, se están replanteando muchas de las opiniones generalizadas respecto a la Unión Soviética. Uno de los mitos más extendidos es el del colapso económico, y también es uno de los que están siendo más cuestionados. Según este mito, la caída de la URSS habría sido consecuencia principalmente de una brutal crisis económica (por la ineficacia del sistema). Sin embargo, tanto en Rusia, como fuera de ella, muchos piensan que la caída de la URSS no tuvo tanto que ver con una supuesta crisis económica, sino más bien, que fue un proceso iniciado por las élites de la propia URSS, y la crisis económica sería no la causa de las reformas, sino la consecuencia de ellas, aunque se haya usado como excusa. Esta es una idea bastante extendida en Rusia (véase por ejemplo los estudios de Kara-Murzá y otros, algunos de ellos traducidos incluso al español), pero también es compartida por otros. Aquí por ejemplo presento el resumen de un artículo de David Kotz y Fred Wair, publicado en la revista húngara "Eszmélet" de izquierdas ("Conciencia"). El artículo es un resumen de su libro "Revolution from above: the demise of the Soviet system " (se puede leer parcialmente en internet aquí, en inglés, yo aún no lo he hecho). Respecto al artículo, no estoy de acuerdo con todas las cosas que comentan los dos autores, pero en general me parece muy interesante su análisis.

Vista del Kremlin de Moscú. Fuente: wikipedia

Los autores parten de la idea, que intentan demostrar en su texto, de que aunque la URSS tenía graves problemas económicos, nada indicaba que hubiera peligro de colapso económico, y de hecho este no se produjo hasta que las élites del país destruyeron el sistema económico existente.

Fue la estructura antidemócratica del país la que causó la catástrofe, no la economía planificada.

Empiezan hablando de la planificación soviética y su historia:

Desde 1917 los bolcheviques ensayan varias formas en cuanto a la estructura económica del país. Solo en los años 20 surge lo que se ha dado en llamar "el sistema soviético". Se caracterizaba porque todas las empresas no agrícolas eran propiedad social y estaban dirigidas, en última instancia, por una institución central desde Moscú.

Central Hidroeléctrica del Dniépr (construída entre 1927 y 1932). La foto es de 1947.
Fuente: wikipedia

A pesar de esto, la economía soviética consiguió un gran crecimiento y un rápido desarrollo. Muchos piensan que este rápido crecimiento fue logrado por las medidas estalinistas, por la represión contra ciertas capas de la sociedad, y las difíciles condiciones de vida. Pero los autores dicen que fue más bien lo contrario, que el régimen estalinista retardó el crecimiento económico, que podía haber sido mucho mayor de lo que en realidad fue.

Entre 1928 y 75 la economía soviética creció a un ritmo de un 5,1% anual. Entre 1950 y 75, cuando la economía ya se había industrializado, el crecimiento económico soviético seguía siendo alto, más incluso que el de los EEUU.

El sistema soviético tenía muchas ventajas sobre el capitalismo: por ejemplo el pleno empleo, la posibilidad de usar los beneficios empresariales de manera masiva en el desarrollo de la enseñanza y la formación, y además no estaba afectada por las crisis periódicas del capitalismo.

No todas las cosas se pueden medir con el PIB o el crecimiento de la economía, pero para 1975, el país atrasado que era la URSS, se había convertido en una potencia económica que en muchos aspectos competía con los EEUU, y en algunos, incluso los superaban (véase como ejemplo la carrera espacial).

Rompehielos atómico "Lenin", primer buque de superficie en el mundo propulsado por energía nuclear (1959-89). Fuente: wikipedia

Si en 1960 la mitad de las familias soviéticas tenía radio, el 10% televisión y una de cada 25 frigorífico, en 1985 todas las familias disponían de estos electrodomésticos. En 1980 la URSS tenía más médicos y camas de hospital que los EEUU. En los años 70 el desarrollo científico, tecnológico y económico de la URSS era seguido con alarma por las potencias occidentales. Muchos pensaban que el futuro sería del régimen soviético gracias a sus grandes logros, a pesar de sus rasgos negativos.

Sin embargo, desde 1975 la economía soviética interrumpe el rápido desarrollo que había tenido hasta entonces. Y el progreso tecnológico también se detiene. Por primera vez, durante una década, la economía norteamericana crece más que la soviética. Además, la carrera armamentística, reforzada por la administración de Reagan, afectó gravemente a la economía soviética.

En 1985 Gorbachov llega al poder, es el reconocimiento de la élite que dirige la URSS, de que son necesarias reformas. Pero sus reformas no trajeron una mejora de la situación y la producción siguió sin despegar. Entre 1985 y 1989 el crecimiento económico soviético medio fue de un 2,2%, en lugar del 1,8% entre 1975 y 1985. Sin embargo desde 1975 nunca hubo crecimiento negativo, en cambio en los EEUU lo hubo en tres años.

Para finales de los años 80 la escasez de productos básicos se acentúa. Para los analistas occidentales esto significaba los primeros indicios del colapso, sin embargo la explicación era otra, la razón era que el ingreso de las familias había aumentado mucho más que la producción de artículos de consumo, el culpable de eso eran las reformas económicas, que habían descentralizado la producción y habían dejado de controlar los ingresos.

Así, si a mediados de los años 80 el ingreso de las familias creció un 3-4% anual, en 1988 salta a un 9,1% y en 1989 a un 12,8%. Pero a la vez los precios, que habían sido fijados aún por las instituciones centrales, no cambiaron casi nada. Por eso la gente se encontró con un montón de dinero en las manos que quería gastar cuanto antes y de ahí resultó que las tiendas quedaron completamente vacías. En realidad el consumo seguía creciendo.

Es cierto que la economía soviética no consiguió un crecimiento destacable en los años 80, pero esa imagen de colapso económico es falsa.

Sin embargo en 1990 y 1991 la cosa cambia. Gorbachov va perdiendo el poder frente a Yeltsin. En mayo de 1990 Yeltsin consiguió el poder en la Federación Rusa y se esforzó en acumular todo el poder en sus manos y arrebatárselo a las autoridades soviéticas. De esta forma las instituciones de planificación económica se encontraron sin ningún poder real y la economía soviética, que era un todo homogéneo, empezó a descomponerse a pasos agigantados. Esto es importante resaltarlo: la crisis no llegó por la incapacidad de la economía planificada, sino por que se desmontó la economía planificada y la economía quedó sin medios de coordinación eficaces.

El Obrero y la Koljosiana (1937) de Vera Mújina, en la época soviética.
Fuente: englishrussia.com

La élite elige el capitalismo:

¿Cómo es posible que el régimen soviético cayera sin oposición interna aparente?

Gorbachov y su círculo pensaban que el principal problema del régimen soviético era la falta de democracia. Por eso desarrolla la perestroika (reestructuración, reconstrucción). En el país se forman tres grandes grupos de opinión (había más pero eran minoritarios): los partidarios de las reformas, los partidarios de mantener el sistema como tal, y los que rechazaban radicalmente el comunismo. Se impuso el anticomunista, dirigido por Yeltsin, sobre todo porque éste consiguió el apoyo de las élites del país.

Los estudios de Alec Nove, Farmer, Mathews y otros muestran que tras la segunda guerra mundial la élite soviética era una capa social ambiciosa y sin principios definidos. Les importaba solo el poder y los beneficios personales. En 1991 muchos miembros de esta élite reconocían abiertamente que no eran comunistas, aunque estaban en el Partido Comunista. Esta casta de oportunistas valoró sus opciones con la llegada de las reformas de Gorbachov. No les beneficiaba el socialismo democrático de Gorbachov y muy pocos miembros de esta élite apoyaron a los grupos partidarios de volver al sistema anterior. Aunque ese era el sistema que les había dado el poder, a la vez lo limitaba, por ejemplo no les permitía la propiedad privada y por lo tanto la acumulación de propiedades. Cuando en 1991 hay un intento de golpe de estado contra las reformas, este fracasa porque la élite se posiciona en favor de Yeltsin. Esta élite ansiaba conseguir la posición de la que disfrutaba en Occidente. Y entendió que su posición como nuevos capitalistas en su país les ofrecía muchas ventajas.

Así por ejemplo sucedió con Viktor Chernomirdin, presidente del gobierno ruso entre 1992 y 1998, que durante la época soviética había sido ministro de producción y tratamiento del gas. Hoy es uno de los hombres más ricos del mundo y principal accionista de Gazprom. Según un análisis, entre los 100 hombres de negocios más destacados de Rusia, 62 eran miembros de la élite comunista, 38 proceden de la economía sumergida y del mundo de la delincuencia.

Un estudio de junio de 1991 de la politicóloga norteamericana Judit Kullberg, muestra que el 77% de las clases altas soviéticas era partidaria del capitalismo, mientras que el 12% del socialismo democrático y el 10% del "comunismo o nacionalismo".

Según un estudio de 1991 de una fundación norteamericana en la Rusia Europea, un 10% de la población quería la vuelta al sistema anterior a las reformas, un 36% eran partidarios del socialismo democrático, el 23% el modelo socialdemócrata sueco, y solo un 17% quería un sistema similar al capitalismo norteamericano o alemán. Es decir, el 69% deseaba alguna forma de socialismo.

Otros estudios y encuestas muestran aun menor índice de apoyo al capitalismo occidental.

Los reformistas dominaban las estructuras soviéticas de poder, los capitalistas en cambio dominaban las rusas, por eso su principal objetivo fue destruir de alguna manera la URSS. Sin embargo, el referendum de 1991 mostró que la mayoría de la población estaba en contra de algo así.

El famoso Lada "Niva", vehículo todo terreno desarrollado en la URSS en los años 70.
Foto: wikipedia.

En el artículo se mencionan también datos interesantes sobre la economía de la URSS:

Crecimiento económico 1928-1975:

1928-40: URSS- 5,8% EEUU- 1,7%
1940-50: URSS- 2,2% EEUU- 4,5%
1950-70: URSS- 4,8% EEUU- 2,9%
1975-85: URSS- 1,8% EEUU- 2,9%

Fuente: The Real National Income of Soviet Russia since 1928, Abraham Bergson, 1961; Measures of Soviet National Product in 1982 Prices, Joint Economic Committee, U.S. Congress.

Crecimiento de la economía soviética entre 1986-91

1986: 4,1%
1987: 1,3%
1988: 2,1%
1989: 1,5%
1990: -2,4%
1991: -12,8%

Capítulo 2

Situación previa al colapso

A pricipios de 1980 había indicios serios de que la economía no funcionaba:

-Graves dificultades de abastecimiento energético.

-La producción siderúrgica y petrolera se estancó en el periodo 1980-1984.

-Las plantas de generación eléctrica estaban anticuadas.

-El sector agrícola no registraba ninguna alza.

-2/3 del equipo de recogida agrícola era inservible.

-Entre el 20 y el 50 % de las cosechas se echaban a perder.

La URSS estaba rezagada respecto a Occidente en cuanto a tecnología no militar.

En 1990 había más de 100.000 localidades en la URSS sin línea telefónica.

Graves problemas del sistema de planificación soviético eran los siguientes:

-Una burocracia gigante e ineficiente.

-Ineficiente asignación de recursos.

-El sobroempleo.

Todo esto contribuyó a crear una peculiar economía que se caracterizaba por escaseces, largas colas, acumulación de empleos innecesarios, corrupción, ...

La década de 1990 se inauguró con un acontecimiento inesperado que sorprendió a la comunidad internacional: el colapso y disolución de la Unión Soviética y, con ello, la desaparición del bloque de países socialistas surgido tras la Segunda Guerra Mundial.

Gorbachov en el poder

En 1985 un personaje desconocido se convirtió en protagonista del cambio político, económico y social de la URSS: **Mijail Gorbachov**, elegido ese año nuevo jefe de Estado soviético, tras la muerte de Konstantin Chernenko. Político relativamente joven y partidario de las reformas, Gorbachov ascendió al poder en un momento en el que la gran potencia socialista se encontraba en una situación muy delicada:

- **Crisis económica** y productiva.
- **Industria obsoleta** y poco competitiva.
- **Dificultades de abastecimiento**.
- **Gasto militar** creciente.
- **Estancamiento** del sistema político.

Las reformas: *perestroika* y *glasnost*

El mandato de Gorbachov inició un periodo de apertura política (*perestroika*) caracterizado por la puesta en marcha de un ambicioso plan de reformas:

- **Ley de empresas del Estado**: daba mayor autonomía a los directivos de las empresas públicas. Pese a sus buenas intenciones, en la práctica provocó la aparición de una corrupción creciente y la aparición de mercados negros.
- **Glasnost**, o claridad informativa: significaba el final del secretismo soviético y la censura de prensa.
- «**Nuevo pensamiento**» o retorno a la distensión con Estados Unidos, lo que tuvo como resultado la firma de importantes tratados de desarme.
- **Rehabilitación** política de significativos disidentes, como Andrei Sajarov.

La tibieza en la aplicación del cambio no contentó a casi nadie, y Gorbachov tuvo que enfrentarse a dos grupos opositores de su política:

- Los **conservadores**, o línea continuista del Partido Comunista de la URSS, que veía la *perestroika* como una amenaza a su posición de poder.
- Los **reformistas**, partidarios de un cambio total y de la instauración de un sistema político democrático y de economía de mercado.

Durante el mandato de Gorbachov se sucedieron las manifestaciones de todo tipo en Rusia y las demás repúblicas federadas en la URSS.

La crisis final

Mijail Gorbachov trató de gobernar apoyándose alternativamente en los distintos grupos políticos (reformistas y conservadores), pero sólo logró ganarse una oposición generalizada. La convocatoria de elecciones en 1989 aceleró el proceso de desmembramiento de la URSS, cuyo poder central se encontraba enormemente debilitado en aquel momento.

La **descomposición de la URSS** se precipitó por varias razones:

- Triunfo electoral de los grupos **nacionalistas** en las distintas repúblicas.
- Éxito del populista **Boris Yeltsin**, político ruso opuesto a Gorbachov y defensor de rápidas reformas.
- **Derrumbe económico** del país que arrastró en su caída las finanzas de los estados satélites de la URSS.

Boris Yeltsin, nuevo líder ruso tras la disolución de la URSS.
En medio de un panorama caótico, las fuerzas conservadoras dieron un **golpe de Estado** en 1991. La oposición, tanto interna como externa, retornó a la vieja política comunista que determinó la definitiva descomposición de la URSS y su división en quince repúblicas independientes.

Evolución del bloque comunista

El antiguo bloque oriental no sobrevivió a la caída de la superpotencia. Cada país siguió una evolución distinta, aunque todos encaminaron sus esfuerzos a la instauración de **regímenes democráticos**. Los casos más notables fueron:

- **Rusia**, agobiada por todo tipo de problemas, a duras penas consiguió mantener su influencia en algunos de los nuevos estados surgidos de la antigua URSS.
- **Alemania** se reunificó después de más de cuarenta años de división.
- **Checoslovaquia** se dividió pacíficamente en dos estados (República Checa y Eslovaquia).
- **Yugoslavia** se dividió en cinco estados: Croacia, Eslovenia, Bosnia Herzegovina, Macedonia y Yugoslavia (formada por las repúblicas de Serbia y Montenegro). Este proceso fue difícil y conflictivo.
- **Georgia, Azerbaiyán** y **Armenia** sufrieron conflictos armados de tipo nacionalista.
- Algunos países mantuvieron el sistema comunista, como **Vietnam, Corea del Norte** o **Cuba**, aunque sus deterioradas economías auguraban un cambio futuro hacia el **sistema de mercado**.
-

Fechas clave

- **1953** Muerte de Stalin.
- **1960** Alejamiento entre la Unión Soviética y China.
- **1979** Invasión soviética de Afganistán.
- **1981** Ronald Reagan comienza su mandato como presidente de Estados Unidos
- **1985** Mijail Gorbachov es elegido presidente de la URSS.
- **1989** Retirada soviética de Afganistán. Elecciones en la URSS. Levantamientos anticomunistas en Europa oriental.
- **1991** Fracasa el golpe de Estado conservador. Disolución de la URSS. Fundación de la CEI.
- **1993** Boris Yeltsin, nuevo presidente ruso, ordena un asalto militar al Parlamento

EL BLOQUE SOCIALISTA. CRISIS Y CAÍDA: El bloque socialista europeo y la U.R.S.S.

se encontraron al principio de los ´70, en una etapa aparentemente favorable para su economía. La "*crisis del petróleo*" – con un elevado aumento del mismo- había dejado a la U.R.S.S. en inmejorables condiciones, ya que ésta última, era uno de los productores de petróleo, más importantes a nivel mundial.

La reformas necesarias que necesitaba el sistema comunista, fueron postergadas debido al ingente ingreso de divisas que se producía gracias a la exportaciones petroleras. Al mismo tiempo, la enorme cantidad de dólares de los países productores de petróleo del "mundo árabe" – los denominados petrodólares- comenzaron a estar al alcance de aquellos países que lo requirieran. Y la U.R.S.S. no fue la excepción. A través de los organismos internacionales de crédito, el bloque soviético ingresó a su economía cada vez más capitales y tecnología desde Occidente, quedando, en consecuencia, fuertemente endeudado.

Bajo la conducción de Leónidas Brezhnev, la U.R.S.S., aprovechó la crisis coyuntural que afectaba el sistema capitalista occidental e incorporó a la órbita soviética a países como Vietnam, Laos, Mozambique, Angola, Etiopía, Camboya, Yemen del Sur, Nicaragua y Afganistán.

Esta situación favorable políticamente, llevó a *Brezhnev* a querer superar el equipamiento armamentístico de los EE.UU., pero este esfuerzo, llevó a tomar, en lo económico, medidas que la U.R.S.S. no estaba en condiciones de realizar.

Los cambios ocurridos en la década de los ´80, encontraron a la U.R.S.S. sumida en una carrera armamentística que su economía y su equipamiento tecnológico, más temprano que tarde, no podrían soportar. En el cercano oriente, un aliado de la U.R.S.S. como era Egipto, a través de su presidente Nasser, había dejado su protección a partir del gobierno de *Sadat*. Este último, había buscado solucionar sus problemas políticos y económicos con un acercamiento a los EE.UU. y hasta firmó acuerdos con Israel.

En este período, el socialismo llegó al poder en varios países europeos (Mario Soares en Portugal en 1976, Felipe González en España en 1982 y *Francois Mitterrand*, en Francia en 1981) pero no por esto, el comunismo lograba imponerse. Por el contrario, el comunismo europeo comenzó a dividirse e incluso algunos partidos anunciaron la intención de maniobrar independientemente de Moscú.

Con un producto bruto interno equivalente a un tercio del de los EE.UU., la U.R.S.S., debía competir por la hegemonía como superpotencia. Su influjo militar se había extendido notablemente (invasión a Afganistán, topas en Europa Oriental, en la frontera con China, etc.), además, debía competir por el predominio nuclear y en la carrera misilística y espacial, sin contar con la ayuda económica y militar que debía brindar a sus aliados que habían aumentado notablemente.

Pero lo peor, era que, no solo no alcanzaba a competir con EE.UU., sino que tampoco cumplía con una política social distribucionista equitativa que supuestamente debía cumplir un régimen comunista. Las desigualdades entre el trabajador común y el "gran dirigente" se profundizaban cada vez más. La burocratización era un problema acuciante para el régimen y la economía comenzó a ocupar un lugar central en la U.R.S.S. La misma prensa soviética, aceptaba que, el ausentismo provocaba importantes perdidas de horas de trabajo. Las cifras indicaban, que prácticamente la mitad de la población activa no trabajaba durante un año.

La estructura industrial soviética se había transformado también en un inconveniente, ya que para su funcionamiento exigía cuatro veces más energía, materias primas y acero que la de de los países capitalistas.

En el plano político-militar, la llegada al poder en EEUU de Ronal Reagan, con la duplicación del presupuesto militar norteamericano y el programa implementado denominado "guerra de las galaxias", había obligado a la URSS a duplicar también el esfuerzo en cuanto a la carrera militar.

La economía soviética, para los años 80, presentaba un claro signo de reprimarización de la economía, es decir, la exportación de materias prima superaba las ventas de productos manufacturados.

En 1982, tras la muerte de Brezhnev, sus sucesores, Yuri Andropov y Konstantin Chernenko, nada pudieron hacer para mejorar la situación social y económica.

A partir de 1985, con la asunción de Mijail Gorbachov, como Secretario General del Partido Comunista y presidente del Soviet Supremo, se comenzó a cambiar de rumbo. Gorbachov lanzó dos reformas que dieron que hablar: la perestroika y la glasnost. La perestroika significaba un cambio en la "modernización" de la economía y la sociedad soviética, y la gladnot se comprometía a una mejora en la transparencia informática.

A pesar de los cambios producidos en el principal Comité Ejecutivo del Partido Comunista (Politburó), Gorbachov se proponía una modificación mayor: sacar a la URSS de lo que él denominaba la "era del estancamiento". Gorbachov y su equipo diagnosticaban, que el "estancamiento" era producto del aislamiento y apuntaban a establecer un régimen de libertades que facilitara el contacto de los ciudadanos de la URSS con otras culturas y países del mundo. Este no era un desafío menor, ya que no era fácil modificar, en profundidad, el régimen de vida de los soviéticos. Una gran parte del pueblo se sentía cómodo con un sistema que le proporcionaba una subsistencia garantizada y una seguridad social, si bien de niveles modestos pero ciertos, una sociedad igualitaria social y económicamente, exceptuando los privilegios de la alta regencia del partido comunista.

Si bien Gorbachov, calificaba como "era del estancamiento" a la gestión de Brezhnev, una parte del pueblo soviético, la recordaba como un periodo de bonanza. Debido a esto último, la "perestroika" no fue aceptada automáticamente y sin resistencia.

De todas formas, la renuncia al uso de la fuerza por parte de la URSS para reprimir ciertas resistencias y oposiciones hizo que se debilitara su dominación. En 1989, entre Agosto y Septiembre, en Checoslovaquia y Hungría, miles de jóvenes y profesionales comenzaron a emigrar hacia Alemania Occidental ante la pasividad de sus respectivos gobiernos. Al poco tiempo se le sumaron al éxodo los alemanes del este, que utilizaron esa vía para escapar del régimen comunista.

Hacia los años 80, en los países centrales de Occidente, había comenzado la denominada "revolución científico-tecnológica" y el mundo se intercomunicaba cada vez más y cada vez más rápido. Si la URSS y los países del bloque comunista querían competir con Occidente, debían abandonar la centralización de las decisiones de los dirigentes, generalmente radicados en Moscú. Para esto, debían otorgar poder de decisión a los dirigentes regionales. Esta postura, obviamente debilitaba al partido comunista y a sus dirigentes, acostumbrados a monopolizar el poder político desde un centro de decisiones, a la vigilancia y a la coacción. Este intento de salvataje del sistema desde el nivel económico, produciría luego una debacle política que finalmente hizo colapsar a la URSS.

En 1989, la caída del Muro de Berlín, como hecho simbólico del final de una época, fue el comienzo de las fases finales del sistema comunista en la URSS o lo que se llamó "el final de la era de los socialismos reales", que siguió por el desconocimiento del Partido Comunista como único partido representante de la clase trabajadora, y el reemplazo de la URSS por una comunidad de Estados Independientes a partir de 1992.

Mijaíl Gorbachov nació en *Stávropol*, en el sudoeste de Rusia. Participó activamente en política desde muy joven y pasó a ser líder de la URSS en 1985. Transformó radicalmente las relaciones de la URSS con Occidente y se le atribuye el mérito de frenar la carrera armamentista y de concluir la Guerra Fría.

Trató de solucionar los problemas políticos y económicos soviéticos con un programa de reformas internas y, tras el desmembramiento de la URSS en 1991, protagonizó varios intentos fallidos de regresar a la arena política en Rusia. Recibió el premio Nobel de la Paz en 1990.

En 1989, con la esperanza de que el pueblo soviético aceptase un nuevo «comunismo de rostro humano», Gorbachov permitió elecciones libres a algunos puestos en el Congreso de los Diputados del Pueblo (el parlamento soviético). Sin embargo, pronto tuvo que enfrentarse a las demandas de ampliación de estas concesiones planteadas por un nuevo diputado electo, Boris Yeltsin.

LA CAÍDA DEL MURO DE BERLÍN: La chispa que encendió la cadena de acontecimientos fue la decisión húngara de permitir a los alemanes del Este el paso hacia Alemania Occidental. Cuando intentaron hacerlo hacia Praga (Checoslovaquia), las autoridades de Alemania Oriental cometieron un error fatal: aceptaron que pudieran pasar hacia Occidente pero decidieron hacerlo de una forma que les provocara un humillación, los obligaron a atravesar Alemania Oriental en tren para exponerlos al supuesto desprecio de manifestaciones organizadas por el gobierno. Pero lo que sucedió es que, en lugar de condenar a los refugiados, las manifestaciones se volvieron contra el régimen.

Lo mismo sucedió en Bulgaria y Rumania. Una vez que cientos de miles de personas hubieron salido a la calle en Leipzig, Dresdén y Berlín la caída del muro fue inevitable y lo único que pudieron hacer las autoridades fue limitar el daño. La posible represión de los levantamientos por parte de la Unión Soviética era la única contención que evitaba la cadena de acontecimientos en el Este. Una vez que el dique se desmoronó, las aguas contenidas cubrieron los restos de un régimen que se venía abajo.

Miles de ciudadanos optaron por abandonar el país por las fronteras, recientemente abiertas de Hungría y Austria, mientras otros miles continuaban la resistencia a través de huelgas y manifestaciones que culminaron en noviembre con una enorme concentración de 2 millones de personas que se fueron acercando al muro de Berlín y comenzaron a derribarlo. El 9 de noviembre el gobierno permitió la libre circulación entre las dos Alemanias.

La caída del Muro de Berlín, inaugurado en agosto de 1961 con el fin de evitar el éxodo de la población de Berlín oriental hacia occidente, era todo un símbolo del derrumbe del bloque comunista. (Ver el Marxismo en Rusia) Prof. Pablo Salvador Fontana

LA DECLINACIÓN DEL COMUNISMO EN EUROPA ORIENTAL: 1980-1993

Alemania Oriental, 1989 (agosto-septiembre). Fuga masiva de refugiados a Alemania occidental a través de Hungría y Checoslovaquia; (octubre-noviembre), manifestaciones masivas a lo largo del país; (9 de noviembre) se abre la primera brecha en el Muro de Berlín, formalmente abierto entre diciembre y enero de 1990, lo que llevó a la reunificación de Alemania.

Polonia, 1980. Formación del sindicato independiente Solidaridad; 1981 -1989, se impone la Ley Marcial; 1989 (septiembre), el gobierno dirigido por Solidaridad asume el poder; 1990 (enero), el Partido Comunista polaco se disuelve, pero sus candidatos ganan las elecciones parlamentarias de 1993.

Checoslovaquia, 1989 (noviembre). Manifestaciones masivas se extienden desde Praga, lo que lleva al colapso del régimen comunista. Y posteriormente, en 1992, cambió su nombre por el de República de los Checos y los Eslovacos. En 1993, sube al poder *Vaclav Havel*.

Hungría, 1989 (octubre). Fin del régimen comunista. El Partido Comunista húngaro se conviene en Partido Socialista. En 1990, es elegido presidente *Aer pad Góncz*, y, en 1991, el Partido Socialista gana las primeras elecciones parlamentarias.

Yugoslavia. 1988. Manifestaciones masivas contra las malas condiciones de vida y la corrupción; 1989, Eslovenia y Croacia legalizan los partidos de oposición; 1990 (abril), Eslovenia y Croacia eligen autoridades no comunistas. De 1991 a 1993, violenta guerra civil producto de los enfrentamientos etno-politiicos de las repúblicas yugoslavas. El 25 de junio de 1993 asume el poder el socialista *Zoran Lilic* en la República Federal de Yugoslavia (Serbia y Montenegro).

Rumania, 1989 (diciembre). Las manifestaciones masivas conducen a levantamientos armados en Bucarest y Timisoara; la dictadura del presidente *Nicolae Ceaucescu* es derribada y éste es ejecutado. En 1990, Ion Ceauescu es elegido presidente.

Bulgaria, 1989 (noviembre). El dictador Todor Zhivkov es sacado del poder por opositores del Partido; 1991 (junio), entra oficialmente en vigor la Constitución democrática de Bulgaria.

Ucrania, 1989 (julio). Los mineros del carbón se unen en una huelga sindical general y piden mejores condiciones de vida y el fin del monopolio del Partido; (septiembre). Primer Congreso Nacional del Rukh (Partido Nacionalista Ucraniano); 1991 (octubre), el Parlamento de Ucrania acuerda crear un ejército nacional propio; (noviembre), *Filip Dimitrov* es confirmado como primer ministro.

Bielorrusia, 1989 (junio). Se funda el Frente Popular. Moldavia, 1989 (mayo). Se funda el Frente Popular; (septiembre), el Soviet Supremo Moldavo vuelve a introducir el idioma oficial moldavo y el alfabeto latino; 1990 (lebrero), el Frente Popular obtiene el 75% de los votos en las elecciones. En 1992, el presidente de Moldavia. Mircea Snegur, promote no dar autonomía al *Transdniestei*.

Lituania, 1988. Se forma el movimiento independiente *Sajudis*; 1989 (mayo), el Soviet Supremo Lituano declara la soberanía en 1990; (febrero), el Sajudis obtiene el 63% de los escaños; (marzo), Lituania declara su independencia. En 1991 (agosto), se declara la independencia absoluta.

Letonia, 1988. Se forma el Movimiento para la Independencia Nacional; 1989, manifestaciones anticomunistas masivas.

Estonia, 1983. Se forma el Partido para la Independencia Nacional; (noviembre), el Soviet Supremo Estonio aprueba el derecho a vetar todas las leyes de la Unión; 1990 (marzo), se forma el Congreso de Estonia.

Capítulo 3

Disolución de la URSS

Con el fin de dejar de lado el estancamiento de la economía, el líder soviético Mikhail Gorbachev inició un proceso de apertura política, glasnost, y de reestructuración económica, perestroika.

Esta liberalización llevo al surgimiento de diversos movimientos nacionales y de disputas étnicas dentro de la URSS.

Bajo su mandato el PCUS estableció elecciones directas y se dió fin a la dictadura del partido único.

Los disturbios dieron lugar a que las fuerzas armadas y el PC intentaran un golpe de estado para derrocar al gobierno de Gorbachev.

Cada vez más impotente ante estos acontecimientos Gorbachev renunció a su cargo y la URSS dejó de existir el 25 de XII de 1991.

El Soviet Supremo reconocería al día siguiente la desintegración de la URSS que daría paso a la Comunidad de Estados Independientes.

El ocho de diciembre de 1991 los líderes de Rusia, Bielorrusia y Ucrania (Borís Yeltsin, Stanislav Shushkevich y Leonid Kravchuk respectivamente), firmaron un documento cuyo contenido principal está recogido en su preámbulo: "La Unión de Repúblicas Socialistas Soviéticas deja de existir como sujeto de Derecho Internacional y realidad geopolítica".

Formado en 1922 sobre las ruinas del antiguo Imperio ruso, aunque sin Finlandia y parte de Polonia, el nuevo Estado fue percibido como el sucesor del enorme feudo de los Románov. Durante casi setenta años ningún ciudadano de la URSS se dejó engañar por la frase "con derecho a la autodeterminación, incluso la secesión" que figuraba en la Carta Magna de la URSS, dándola por simple retórica. Todo estaba claro: de ahí no se separaba ni se "autodeterminaba" por su propia voluntad ni un solo metro cuadrado.

El coloso parecía eterno y ni siquiera el tremendo cataclismo de la invasión alemana de 1941 pudo quebrantar su poderío militar.

Sin embargo, el ocho de diciembre de 1991 los líderes de Rusia, Bielorrusia y Ucrania, ex repúblicas de la URSS de población eslava, se reunieron en el coto natural de Belovézhskaya Puscha para firmar un acuerdo que pusiera fin a la Unión Soviética y establecer la Comunidad de Estados Independientes (CEI), inicialmente percibida por muchos habitantes de la URSS como el mismo perro con distinto collar.

Pero muy pronto se dieron cuenta de que no era así. El veinte de diciembre el jefe de un Estado que ya no existía, Mijaíl Gorbachov, renunció a la Presidencia de la Unión Soviética y declaró la disolución de la misma.
La firma del acuerdo de disolución de la URSS fue la culminación de una época convulsa llena de cambios. En medio del total fracaso de las reformas económicas y políticas de Gorbachov, la URSS se había visto sumida en un verdadero caos económico que pronto desembocó en una crisis política. Las repúblicas del enorme país se fueron declarando independientes una tras otra. El presidente Gorbachov y sus partidarios en el Partido Comunista y el Gobierno intentaron preservar la unidad del país mediante la firma de

algún acuerdo capaz de prevenir una desintegración caótica y unir los pueblos que formaban parte del Estado en una confederación de Estados soberanos a la manera de la Unión Europea.

Para el veinte de agosto de 1991 había sido anunciada la firma del nuevo Tratado de la Unión. La URSS se convertiría en un Estado federativo compuesto por repúblicas soberanas con poderes mucho más amplios. Anteriormente, el diecisiete de marzo de 1991, en el país se había celebrado un plebiscito y el 76 % de los participantes se había pronunciado a favor de la preservación de la "Unión renovada" (tal fue la fórmula que se utilizó en la papeleta de votación).

Sin embargo, el día tres de marzo la república de Lituania ya había declarado su independencia; también el tres de marzo se habían pronunciado los habitantes de Letonia a favor de separarse de la URSS y el nueve de abril se celebró el plebiscito en la república de Georgia. Los georgianos votaron a favor de separarse de la URSS. Las demás repúblicas también estaban a punto de declararse independientes de las autoridades centrales de Moscú.

No obstante, la cúpula gobernante del Comité Central del Partido Comunista y del Gobierno de la URSS continuaba profesando ideas conservadoras y sentían inseguridad personal ante el futuro. El ala conservadora con ayuda del KGB procedió a los preparativos de la destitución del presidente de la URSS.

El intento de golpe de Estado fue emprendido en las primeras horas de la mañana del diecinueve de agosto de 1991. Por la televisión y la radio soviéticas se leyó el mensaje de un nuevo organismo de poder estatal: el Comité Estatal de Situación de Emergencia. Se suspendieron las actividades de todos los partidos políticos y en Moscú y en otras ciudades importantes entraron las tropas.
El mismo día, a las nueve de la mañana, el presidente de la República Socialista Federativa Soviética de Rusia (RSFSR, por sus siglas en ruso), Borís Yeltsin, transmitió un mensaje a los ciudadanos del país en el que calificaba la situación de "golpe de Estado reaccionario". Yeltsin convocó una huelga general.

Gracias a la negativa de los militares y los comandos especiales de los servicios secretos, la intentona golpista fracasó pero sirvió de catalizador para los movimientos separatistas en las repúblicas que integraban la URSS. En el período del veinticuatro de agosto al dieciséis de diciembre se declararon independientes casi todas las repúblicas de la Unión Soviética.

Una de las primeras consecuencias de semejante golpe de timón de la historia del siglo XX fue la caída del orden mundial bipolar constituido por los Estados del Pacto de Varsovia, por una parte, y por los de la OTAN, por la otra.

Sin duda, la galopante historia de los años anteriores al derrumbe de la URSS y, sobre todo, la caída del muro de Berlín, no pudieron sino causar grietas en los muros del Kremlin. Sin embargo, los partidarios del primer presidente ruso, Borís Yeltsin, y los reformadores actuales mantienen que los acuerdos de Belovézhskaya Puscha fueron una inevitable formalidad dada la imposibilidad de conservar el Estado.

Otros siguen argumentando que el 76 % de los habitantes de las nueve repúblicas soviéticas donde se celebró el referendo se pronunciaron a favor de mantener la URSS y fueron los líderes del país los que no pudieron o no quisieron salvaguardarlo.

Capítulo 4

Economía de la URSS

El sistema económico de la URSS se basaba en la propiedad social de los medios de producción dentro de la teoría marxista-leninista.

El estado determinaba una planificación y control global de la economía soviética de forma centralizada con el objetivo de satisfacer las necesidades básicas de la población.

El máximo órgano planificador era el Ministerio de Planificación conocido como Gosplan.

Recibía directrices del Consejo de Ministros de la URSS y los Gosplan de las Repúblicas Federadas. Elaboraba el plan y lo aprobaba tras someterlo al Soviet Supremo.

Durante los primeros años de la URSS, la situación no fue fácil por lo que se tuvo que adoptar una economía conocida como comunismo de guerra.

Lenin impuso la NEP o nueva política económica, que se dirigió hacia el fracaso.

Después de la NEP en 1928 se impusieron los planes quinquenales, que eran unos sistemas de planificación de la economía que también dieron lugar al fracaso del colapso de la URSS en 1992.

Sin embargo durante esta segunda época la URSS se colocó como segunda superpotencia tras los EEUU, y mando un satélite artificial y un hombre al espacio.

Tras Jruschov se impuso una vuelta paulatina hacia el capitalismo.

Este acuerdo se basa en las dificultades y las perspectivas **de la economía de** Kirguistán, dificultades consecutivas al desmembramiento **de la URSS**, dificultades vinculadas con las relaciones con las demás repúblicas **de** Asia, dificultades relacionadas con **la**privatización y **la** modernización **de la economía**, que se traduce, en un primer tiempo, en una baja **de la**producción agrícola industrial y una baja **de la** producción alimenticia.

Parte **de la URSS** hasta ·; use para los documentos que tratan **de** esta región antes del cambio **de** estatuto; después use

Es preciso decir que mientras tanto, había progresado el islamismo y había estallado **la URSS**, devolviendo a Turquía sus sueños **de** posición dominante en su región.

En lo que respecta a los delitos cometidos en el pasado estalinista **de la URSS**, en lugar **de** distanciarse con **la**condena pertinente **de** los graves crímenes contra **la**humanidad, los crímenes **de** guerra y otros actos ominosos, **la** élite dirigente rusa no sigue el buen ejemplo de la Alemania desnazificada.

Como bien saben algunos de ustedes en esta Cámara, ha habido dos formas de salir de los regímenes comunistas después de la caída liberadora de la URSS - la europea y la nacionalista: el Estado de Derecho y el estado del miedo-.

Se trata del mismo tipo de control excesivo que terminó por relegar a la URSS al olvido, pero ¿en beneficio de qué bandera?

La Rusia de hoy recuerda en determinados aspectos a la antigua URSS.

Parte de la URSS antes del · diciembre ·; para los documentos que tratan de esta región antes del cambio de estatuto use

La explosión de la central nuclear de Chernobil esparció residuos radiactivos sobre una gran extensión de la antigua URSS y Europa Occidental, y dejó una zona de 30 km a la redonda inhabitable para la humanidad.

por escrito. - (PT) Tras la desintegración del bloque oriental y de la URSS, el pueblo y las instituciones ucranianos han asumido el firme compromiso de democratizar el país y construir una sociedad moderna mediante el desarrollo de un sistema social, económico y político que pueda consolidar el Estado de Derecho y el respeto de los derechos humanos, a pesar de las dificultades inherentes a un Estado en proceso de regeneración de su organización estructural y su identidad política.

República Socialista Federativa Rusa Soviética; parte de la URSS hasta el · diciembre ·; use para los documentos que tratan de esta región antes del cambio de estatuto; después use

Se equivocó en factores que eran estructurales -ya hablaba de ello el Sr. de Places: la demografía china, la elevación del nivel de vida chino, el factor climático que acabo de mencionar, el factor político del derrumbamiento de la URSS, que hacían que el consumo de cereales sólo podía aumentar a largo plazo.

Con el desmantelamiento de la URSS y de sus satélites, surgió la esperanza de un espacio europeo pacífico y estable.

El NKVD, el Comisariado del Pueblo para Asuntos del Interior de la Unión Soviética, con arreglo a la Resolución no 001223, titulada «Sobre la contabilidad operativa de elementos antisoviéticos y asociales» de 11 de octubre de 1939, fue el preludio de las deportaciones masivas ordenadas por Merkulov, el Comisario del Pueblo para la Seguridad del Estado de la URSS, y ejecutada por su segundo de a bordo, Serov.

Parte de la URSS antes de ·; para los documentos que tratan de esta región antes del cambio de estatuto use

Si la Segunda Guerra Mundial supuso el impulso para lamodernización política posbélica de la Europa Occidental, puesto que era la conclusión lógica del período relativamente corto de dominación del régimen nazi alemán, para la URSS y Rusia, la necesidad dereconstrucción la dictó la experien cia de 70 años dedominación del régimen comunista, cuya culminación fue la dictadura terrorista de Stalin.

¡ Muestren el mapa de la URSS, rápido!

Los comunistas italianos, Hungría y los dirigentes del Partido Comunista se alinearon con la URSS en contra de los rebeldes húngaros.

No obstante, sigue siendo popular, particularmente en las áreas rurales y entre las generaciones mayores, nostálgicas de la seguridad de la URSS en estos inciertos tiempos económicos.

No estoy hablando de la antigua URSS, sino de un país que forma parte de la Unión Europea.

En mi opinión, no se trata más que de una pompa dejabón lanzada por el lobby nuclear (del que forman parte Électricité de France o sociedades como Framatome o Siemens), que quiere vender reactores a Rusia y a los países procedentes de la ex URSS.

Completamente compatible con esta posición es lapostura de apoyo incondicional a los Estados Unidos en la nueva guerra imperialista en Afganistán, y en general en el ámbito de Eurasia; con la excusa de combatir el terrorismo mundial que, como maná caído del cielo, llega hoy tras la disolución de la URSS y del Pacto de Varsovia para brindar la coartada, el rival deseado, a los imperialistas; para justificar la intensificación del armamento, la limitación de los derechos de nuestros pueblos, el acorazamiento múltiple de sus sistemas, sus intervenciones de toda índole - militares o no - en toda lasuperficie del planeta.

Pero me parece que se olvidó por completo de que los crímenes más grandes de Asia en el s. XX los cometieron los comunistas, concretamente, los Jemeres Rojos y Lenin y Stalin en el este de la URSS, en China y, por supuesto, en Vietnam, donde, años después de la guerrade Vietnam continuaron las persecuciones y aún hoy continúan.

Capítulo 5

Comunismo de guerra

Fue desarrollado entre 1918 y 1921, y consistió en la estricta reglamentación del consumo y la producción en una nación sitiada por sus enemigos "capitalistas" como era la Rusia roja.

Se nacionalizaron todas las empresas que empleaban a un mínimo de 5 trabajadores y maquinaria o de 10 trabajadores en el caso de que no hubiera maquinaria.

La gran industria rusa fue expropiada así como la mayor parte de las pequeñas empresas.

La dirección de la empresa corresponde a un patrón elegido por los sindicatos que a su vez rinde cuentas a un consejo obrero elegido. En el campo se optó por el monopolio estatal, con la formación de los llamados comités de campesinos pobres.

Estos comités confiscaban recursos a los campesinos ricos, foco constante de resistencia anti-comunista.

En 1920 se empieza el asentamiento de las primeras granjas colectivizadas.

Tras años de guerra los más ricos campos de cereales de Ucrania habían quedado arruinados.

Con el fin de la guerra la inflación es tal que el gobierno se esfuerza en limitar la producción de papel moneda, en la práctica se volvía en muchos casos al trueque.

La producción industrial había retrocedido enormemente. El número de obreros disminuyó en un 24%.

Tras la guerra el nuevo gobierno dió paso a una transición política y económica, para preparar a la población para el socialismo.

No se pretendía la inmediata implantación del socialismo ni la abolición del capitalismo, pero si se nacionalizaron sectores como el de la banca o las compañías de seguros, industrias pesadas o extractivas y los monopolios.

Estas políticas supusieron la reincorporación a la vida económica de gente desposeída.

Durante el "comunismo de guerra" se asentaron las bases del nuevo Estado soviético, fundamentado en la centralización de decisiones en manos de los altos órganos del Partido (Comité Central y Secretariado General) y del Estado (Consejo de Comisarios del Pueblo).

Otros procesos que tuvieron lugar fueron:

- La fusión Estado-Partido Bolchevique, excluyéndose de la participación política a los restantes grupos como los mencheviques.
- La alianza de las diferentes repúblicas autónomas que constituyeron la URSS, bajo la supremacía de la República Socialista Federativa Soviética Rusa, con capital en Moscú.

Debido al aislamiento internacional del nuevo Estado, se creó la Tercera

Internacional (Komintern), fundada en marzo de 1919 con el fin de difundir la revolución y lograr aumentar las simpatías por la URSS en el exterior.

Capítulo 6

La NEP

Al final de la guerra civil y tras abandonar el comunismo de guerra se empieza una tímida tentativa de iniciativa privada para la recuperación de la economía durante el periodo 1921-1928.

Se abandonan las incautaciones que se sustituyen por nuevos impuestos y se favorece el nacimiento de una pequeña industria para que los campesinos vuelvan a poder producir.

Se instituye un sistema de economía mixta en la que el estado controla los sectores mayor importancia como los transportes y las más valiosas industrias.

Estas empresas emplean al 84% de la mano de obra.

La NEP es esencialmente una concesión a los campesinos y a los obreros a quienes se quiere involucrar en la producción.

Se bajan los impuestos y se deja al campesino que tras el pago de sus respectivos impuestos pueda vender libremente a los mercados el resto de su cosecha.

La moneda se fortalece y vuelve a ser importante en la vida económica y los trueques finalizan.

El Banco del Estado permite de nuevo la creación de cuentaas corrientes a la vez que se suprime la limitación de poseer dinero. También se autoriza aunque con restricciones el empleo de trabajadores asalariados.

En 1924 se instituye de nuevo el impuesto en metálico y la inflación se detiene.

En 1922 se promulga el -Código de Trabajo que ya no se funda en la obligación de trabajar.

Se reconce como válido el contrato de trabajo, y se define el trabajo como la venta de la energía del trabajador.

Los salarios son fijados entre los sindicatos y los patronos. A pesar de ello se fija un salario mínimo y nuevos derechos y protecciones para el trabajador.

También se proyecta la unión de empresas en trusts, que se convertirá en la principal organización de industrias y empresas soviéticas.

Con estos constantes estímulos la agricultura experimenta un rápido aumento, que no será tanto en el sector industrial.

Sin embargo la siderurgía y la metalurgía permanecen paralizadas.

Crisis de la tijera

Finalmente se produce como consecuencia de esto una crisis entre la industria y la agricultura por la diferencia de precios y diferencia de evolución.

A fines de 1923 se produce una crisis que Lenin define como de la tijera; la razón estribaba en la abultada diferencia entre los precios industriales y agrícolas.

La razón de esta crisis no es la escasez sino la imposibilidad de realizar intercambios entre productos agrícolas e industriales por la disparidad de precios.

Uno de los principales objetivos de la NEP era reconciliar a los campesinos con el nuevo gobierno y desarrollar la industria. Estos objetivos se cumplieron parcialmente. Pero se reconstruyó una clase acomodada.

La Nueva Política Económica trató de revertir la crisis en la que se encontraba sumida Rusia a causa de la guerra civil y la agresión extranjera.

La revolución había logrado sobrevivir, pero a costa de un enorme **coste**: la producción **agrícola** había descendido respecto a 1914 en un 60%, la producción *industrial* había quedado reducida a un 15%, la **emigración** al campo y el despoblamiento de las ciudades era galopante y el **nivel de vida** de la población estaba bajo mínimos.

Hambruna. 1921

El **invierno** de 1920 y 1921 se caracterizó por su extremada dureza y junto al **hambre** causó más de dos millones de muertos.

La guarnición de la fortaleza de Kronstadt (Báltico), una de las más leales al gobierno revolucionario, se amotinó en marzo de 1921, descontenta con la situación económica y política imperante. La rebelión, aunque abortada, supuso un serio aviso para los bolcheviques, cuyos líderes vieron necesario un cambio de tendencia.

Kronstadt. Ataque del Ejército Rojo

Kronstadt. Lucha en la nieve

NEP. Poster

En palabras de Lenin, la NEP constituía un sistema transitorio y mixto, un *"obligado paso atrás"* en el que la economía permanecería bajo la dirección y **planificación del Estado**, aunque secundada por la **iniciativa privada**.

Era el restablecimiento de un **capitalismo** limitado y controlado cuyo objetivo era reconstruir la maltrecha producción.

Cesaron las incautaciones de granos a los agricultores y les fue concedida la **libertad** de cultivar y vender a su conveniencia, una vez hubiesen satisfecho una cuota obligatoria (10% de la cosecha) al Estado. También se flexibilizaron las relaciones laborales mediante la diversificación de los **salarios** y diversos incentivos a la **producción**.

NEP. Poster

Se autorizó el libre **comercio** interior, se contrataron **técnicos** extranjeros y se permitió la **propiedad privada** de pequeñas y medianas empresas. El Estado mantuvo bajo su control los transportes, el comercio exterior, la banca y las grandes empresas. También se accedió a la inversión de **capitales extranjeros**, si bien estos no afluyeron de la forma esperada, por la inseguridad que el régimen despertaba a nivel internacional y por la negativa de los nuevos dirigentes a hacerse cargo de la deuda externa del estado zarista.

Electrificación 1921

La NEP consiguió una revitalización económica fulgurante, fundamentalmente en el campo agrícola, donde el significativo incremento de la **producción** permitió eliminar el hambre. Asimismo incrementó el **nivel de vida** de la población y permitió implomontar un ambicioso plan de mejora de las **infraestructuras** y la **industria**.
En 1927 se habían logrado recuperar las **cotas** de 1914.

Contrariamente a estos beneficiosos efectos económicos, la NEP acarreó **tensiones** de carácter político y social: resurgimiento de la **burguesía**, enriquecimiento de los propietarios industriales y comerciales, así como de los viejos campesinos acaudalados de la época zarista (los kulaks).

La NEP sobrevivió a Lenin (que falleció en 1924) y continuó su andadura durante el mandato de **Stalin**, hasta que éste decidió ponerle fin en 1928-1929, sustituyéndola por la **estatalización** de la economía, inaugurando con ello una nueva etapa en la construcción del Estado soviético, caracterizada en lo económico por la vuelta al **dirigismo** estatal que había sido puesto en práctica en los primeros tiempos de la revolución.

Capítulo 7

Los Planes Quinquenales

La NEP se había mostrado insuficiente para sacar adelante la economía y los planes quinquenales se le presentan al gobierno soviético como la única oportunidad.

La solución se encontrará en la grandes explotaciones agrícolas del estado, con un nuevo y moderno equipamiento agrícola e industrial y el desarrollo de una poderosa industria metalúrgica y siderúrgica, indispensables para la industrialización.

El objetivo fundamental es el pleno empleo, el aumento del nivel de vida, etc.

Primer plan quinquenal
1928-1933

Fue fruto de minuciosos estudios que se han ido gestando a lo largo de 7 años. Este plan prevé duplicar la economía nacional.

Tiende a la industrialización del país y al desarrollo masivo de la industria pesada.

Cada rama de la economía tiene estipulado el progreso que debe realizar.

Los capitales necesarios para el cumplimiento de estos planes provendrán de las plusvalías del trabajo nacional.

Las nuevas fábricas tendrán unas dimensiones y capacidad similares a las más grandes fábricas de EEUU.

La realización de este plan fue desigual e incompleto caracterizado por retrocesos y dificultades imprevistas.

La Gran Depresión de los países capitalistas (1929) afectó negativamente.

El resultado final aunque satisfactorio presentó muchas desigualdades.

Segundo plan quinquenal
1933-1937

Se prestó especial atención a la equidad entre todos los sectores económicos a pesar de seguir habiendo industrias que tenían prioridad sobre otras.

Fue mucho más sencillo que realizar que el primer plan debido las mayores inversiones.

Se tendió a desarrollar sobre todo industrias productoras de bienes de consumo.

Al terminar este plan y después de 10 años de economía planificada, la economía había tenido un gran crecimiento.

La industria ligera había crecido un 390% y la metalurgia y siderurgia un 690%.

Durante esta segunda etapa de dió el auge del movimiento stajanovista, que promulgaba un aumento de la productividad laboral por propia iniciativa de los trabajadores.

Tercer plan quinquenal
1938-1943

Este plan tenía por meta el desarrollo de las industria especializadas especialmente la industria química.

Las directrices contemplaban un cambio de modelo: el gigantismo.

Centrado en lugares muy concretos de la geografía ya no se antojaba el mejor modelo de crecimieno a largo plazo sino que se opta por una descentralización industrial y una mayor equidad en su reparto que daría lugar a enormes tasa de crecimiento demográfico en industrial en el Asia soviética y las zonas siberianas.

La Segunda Guerra Mundial interrumpió a ejecución de este plan que en 1941 había conseguido el 70% de los objetivos.

En el momento del ataque de la Alemania nazi la industrialización es un hecho consumado y la colectivización del campo está prácticamente consumada.

En 1940 la producción industrial soviética se estima en un 85% del total de una Alemania y en guerra.

En 1941 la URSS ocupa el segundo lugar mundial en producción de hierro, petróleo y oro. El tercero en producción eléctrica, fundición, acero y algodón. Y el cuatro en producción de carbón y motores de automóvil.

En el campo la producción agrícola, anteriormente en manos privadas, había sido reunida en koljoses y sovjoses, a pesar de la resistencia de los kulaks.

Durante la guerra el gobierno soviético se ve obligado a realizar un esfuerzo militar suplementario.

La pérdida de empleados por la guerra obliga a pasar de la jornada laboral de 6 horas a la de 8. Reformando las vacaciones pagadas o bajando las prestaciones de los seguros sociales. Por ello en 1940 la industria se pone en pie de guerra.

Cuarto plan quinquenal y quinto plan quinquenal
1945-1950
1950-1955

Tras la II Guerra Mundial, la prioridad era la reconstrucción del país, y Stalin se propusa que la URSS fuera la primera potencia industrial en 1960.

Oficialmente 98.000 granjas colectivas habían sido destruidas por la guerra y se perdió maquinaria por miles.

La URSS tuvo unas pérdidas humanas de 7 millones de soldados y el resto civiles hasta la suma de 20 millones de vidas.

Los EEUU y la URSS no se pusieron de acuerdo sobre los términos de un préstamo de ayuda de EEUU a la reconstrucción y esto contribuyó la escalada de la guerra fría.

En 1949 se crea el COMECON, o consejo de ayuda mutua económica que unía a los países del bloque del este, económicamente.

Un tercio del cuarto plan se gastó en Ucrania.

En 1947 se termino con el racionamiento de alimentos.

Sexto plan quinquenal
1955-1960

Se llevó a cabo por Nikita Jruschov, a raíz de la muerte de Stalin en 1953.

Se fomento la nacionalizació, la creación de un salario mínimo y la producción de bienes de consumo que elevó el nivel de vida de los rusos

Séptimo plan quinquenal
1960-1965

Los progresos se redujeron considerablemente durante este periodo.

Octavo plan quinquenal
1965-1970

Se construyeron 10 millones de apartamentos durante este plan y en los dos siguientes planes se logró el objetivo de proporcionar a cada familia un apartamento totalmente equipado.

Los alquileres no habían cambiado desde hace 50 años y seguían siendo los más bajos del mundo.

Noveno plan quinquenal
1970-1975

La URSS importó 14 millones de toneladas de grano y mejoraron las relaciones con EEUU para el comercio.

Décimo plan quinquenal
1975-1980

Leonid Brezhnev declaró el lema "Piatileka de calidad y eficiencia".

Undécimo plan quinquenal
1980-1985

Durante este plan se exportaron cerca de 42 millones de toneladas de grano.

La mayor parte se vendió por el oeste, el 94% a países no socialistas.

Sin embargo el total de exportaciones soviéticas fue casi tan alta como la de importaciones.

Duodécimo plan quinquenal
1985-1990

Este plan se inició con el lema de aceleración del desarrollo económico, rápidamente olvidado por el de Perestroika o "Reforma".

Termino en una profunda crisis económica en todas la esferas de la economía de la URSS, lo que precipitó su disolución.

El decimotercer plan quinquenal sólo duró un año, en 1991, debido a la disolución de la URSS.

En mi opinión y dada la actual crisis actual de 2008-2013, el único motivo por el que ha aguantado el mundo occidental en crisis durante este periodo, es porque está formado por democracias.

Considero que ninguna tiranía del mundo sería capaz de soportar una crisis tan profunda sin desintegrarse.

Esto le ocurrió a la URSS en 1990.

El desabastecimiento, el alcoholismo, el creciente paro y la corrupción entre otras cosas, fueron las causas de la desaparición de la URSS por el golpe de estado del ejército ruso y Boris Yeltsin en 1991.

Capítulo 8

La Guerra Fría

La Guerra Fría fue un enfrentamiento político, económico, social, militar e incluso deportivo inicado al finalizar la Segunda Guerra Mundial en 1947, y que se prolongó hasta la disolución de la URSS.

Se dió entre los bloques occidental-capitalista liderado por los EEUU y el oriental-comunista liderado por la URSS.

Estos enfrentamientos no dieron lugar a una guerra, sin embargo fueron tan importantes que marcaron especialmente el siglo XX.

Estas dos superpotencias deseaban profundamente implantar su modelo a nivel global.

El enfrentamiento entre estos dos países podría comenzar cuando en 1917 los EEUU mandan un ejército a Rusia para apoyar al ejército blanco y luchar contra los bolcheviques.

En 1946 se da el conocido como Telegrama Largo por el que George Kennan desde Moscú apoya una política de inflexibilidad contra los soviéticos.

Así mismo, ese año, Novikov, escribe junto con Molotov un telegrama que sostenía que los EEUU usaba su monopolio en el mundo capitalista para una supremacía mundial en base a su desarrollo militar.

Desde finales de 1940 la URSS consiguió instaurar gobiernos marioneta en Bulgaria, Checoslovaquia, Polonia, Rumanía y Alemania Oriental, lo que le permitió mantener una presencia militar en dichos países.

El gobierno americano en 1947 puso en práctica por tercera la teoría de la contención que tenía como objetivo frenar la expasión comunista.

El presidente Truman enmarcó esta teoría dentro de la doctrina Truman, que definía el conflicto como una lucha entre el mundo libre y los gobiernos totalitarios.

La doctrina Truman sería complementada en 1947 con la creación del Plan Marshall, un plan de ayudas económicas destinadas a la reconstrucción de la Europa destrozada por la guerra mundial.

En 1948 en represalia a los esfuerzos de occidente por reconstruir Alemania, Stalin cerró las vías terrestres de acceso a Berlín Oeste, imposibilitando la llegada de materiales y otros suministros a la ciudad. Este hecho se conoció como el bloqueo de Berlín.

En 1949 se contituye la OTAN con lo que los EEUU tomaron la responsabilidad de defender la Europa Occidental. Ese mismo año la URSS detona su primera bomba atómica.

Ese mismo año el ejército de Mao se proclama vencedor de la guerra civil china, por lo que se establece otro régimen comunista, la República Popular China.

Para contrarrestar el rearme de la Alemania Occidental los soviéticos promueven el Pacto de Varsovia en contraposición a la OTAN.

Como producto de la Guerra Fría se produce la carrera armamentística por lo cual se produce un fabuloso rearme de los EEUU y la URSS.

También se inicia la carrera espacial entre 1957 y 1975 por la cual ambos países intentan demostrar su superioridad tecnológica sobre el contrario.

En 1957 la URSS lanza el Sputnik.

En 1961, primer hombre en el espacio, Yuri Gagarin.

El 20 de julio de 1969, el Apolo 11 llega a la Luna y Armstrong y Aldrin dan su paseo espacial.

En 1975 una misión conjunta soviético-americana Apolo-Soyuz dió por terminada la carrera espacial.

La crisis de los misiles de Cuba

En 1962 la URSS fue descubierta construyendo 40 silos nucleares en Cuba.

Ese mismo año los EEUU ordenan la cuarentena de la isla, posicionando navíos militares en el Caribe.

El 26 de octubre de 1962, Jruschov se compromete a retirar los misiles de Cuba si los americanos se comprometían a no invadir la isla.

La primavera de Praga y el mayo del 68

La primavera de Praga fue un corto periodo de liberalización política en Checoslovaquia durante 1968 que finalizó con la invasión del Pacto de Varsovia de Praga.

En Francia una serie de huelgas y protestas de estudiantes provocaron la caída del gobierno de De Gaulle. La gran mayoría de los manifestantes eran de izquierdas. Pese al fracaso de este movimiento su impacto fue muy importante y llega hasta nuestros días.

Posteriormente durante la década de los 60 y 70 del siglo XX se darán los procesos de descolonización de África.

La Guerra Fría terminará en los 90 con la disolución de la URSS, dado que la nueva Rusia no puede competir militarmente con el progresivo esfuerzo militar de los EEUU. La

URSS ya sufre por este concepto desde principios de los 80.

Se denomina **carrera armamentista** a la coexistencia competitiva de armamentos y desarrollo de tecnología durante la Guerra Fría entre Estados Unidos y Unión Soviética. Este modo de estar en alerta se fundamentó, justamente, en el peligro de que cualquiera de ambos bloques pudiera desencadenar una guerra de alcance nuclear.
La colaboración militar y armamentista llevada a cabo por los dos bloques en los diferentes conflictos como el árabe-israelí, Corea, Vietnam y Cuba, estaba destinada fortalecer y expandir su poder frente al bloque contrario.
La dominación espacial y astronómica también se constituyó como un signo de preponderancia de una potencia sobre otra. En 1957 los soviéticos colocaron el primer satélite Sputnik en orbitar el planeta; meses más tarde lanzaron el Sputnik II, colocando dentro a la perra Laika, primer ser vivo en salir al espacio (que no pudo regresar con vida ya que se quemó al tomar contacto con la atmósfera). En contrapartida, los americanos lanzaron el Explorer I en 1958. Del mismo modo, la URSS lanza en 1961 la nave Vostok I, con Yuri Gagarín a bordo, primer humano en ir y regresar vivo. Por su parte, Estados Unidos desarrolló las misiones Apolo 8 y Apolo 11, logrando en la primera de ellas divisar la cara oculta de la luna y en la segunda, pisar suelo lunar.

Existieron diferentes momentos en que la paz mundial estuvo en verdadero peligro. El primero de ellos se desarrolló durante la Guerra de Suez en 1956. Si bien existen causas ligadas al proceso de descolonización, fue explicita la presencia del bloque comunista en Medio Oriente.
La crisis de Berlín ocurrida entre 1958 y 1963 fue otro de los escenarios, derivando en la construcción del muro.
El conflicto de los misiles de 1962 consistió en el apoyo a Cuba mediante la instalación de una base militar desde donde poder amenazar a los Estados Unidos sin que éstos tuvieran la posibilidad de efectuar una rápida contraofensiva. Vale recordar los misiles americanos que amenazaban a URSS desde Turquía.
La base militar rusa en territorio cubano, con la instalación de misiles de largo alcance aún no operativos, fue descubierta por un avión espía americano y comunicado inmediatamente al Presidente Kennedy, quien respondió reforzando la Península de Florida con guarniciones militares, navales, aéreas y el bloqueo marítimo militar a Cuba. Mientras tanto, cuatro submarinos soviéticos con una capacidad equivalente a 15 toneladas de TNT se estacionaron alrededor de la isla de cuba en dirección a La Florida, con un alcance de 10 millas de radio.
Mientras tanto, el líder soviético, Nikita Khruschev declaró que no reconocería el derecho americano al bloqueo de Cuba y que los barcos soviéticos no tenían razón para respetarlo. De esta manera, el mundo entró en una verdadera tensión ante una posible III Guerra Mundial con alcance nuclear. A los días, informes periodísticos declararon que los buques soviéticos se habían detenido, luego, el Presidente Kennedy anunció el retiro de las instalaciones en territorio cubano. Aún así, los cuatro submarinos rusos seguían sumergidos sin ser divisados hasta entonces. Su descubrimiento por parte de un destructor americano puso en riesgo nuevamente las frágiles relaciones entre ambas potencias. Finalmente, nada ocurrió.
La acumulación de poder nuclear fue el medio para establecer un statu quo que podía desencadenar una guerra de alcance mucho más agresiva que las anteriores, una constante amenaza y ojo vigilante de una potencia sobre la otra y el instrumento para establecer alianzas en el mapa mundial que fortalecieran la influencia de ambos bloques, comunista y capitalista.

www.ingramcontent.com/pod-product-compliance
Lightning Source LLC
Chambersburg PA
CBHW070731180526
45167CB00004B/1712